Traces d'un pays

Du même auteur

À la limite du désert, Les Chemins de Traverse, 2001

L'amour domine la solitude, Les Éditions du Net, 2013

Du sentiment à perdre, Éditions BoD, 2014

Chant de ruines, BoD, 2015

Une torche allumée au cœur des crocs, BoD, 2018

Les reproches n'éloignent pas, BoD, 2019

Un blog notes ouvert en novembre 2011 :
http://www.pascaloupdesavoie.fr/

© Pascal Verbaere, 2021.

Pascal Verbaere

Traces d'un pays

BoD

Éditeur : BoD – Books on Demand,
12/14 rond-point des Champs-Élysées,
75008 Paris, France

ISBN : 9782322274574

On refait le blog

La poche gauche d'Internet n'est peut-être pas trouée. Et mes billets de manque n'ont certainement floué personne.

Voici qu'ils veulent me rendre la monnaie de leur liesse. Être publiés sur la plateforme Overblog, ce n'est pas trouver du pétrole, mais ce n'est pas rien.

Comme je sais interroger l'archiviste en ligne, retrouver la piste de ces signes ne me posera aucun problème...

Ils se bousculeront sans doute au tourniquet de ce livre, mais chaque petit caillou remonté à la surface deviendra, qui sait, une perle de vivre.

J'ai failli oublier de ralentir l'azur

(2011 – 2016)

Sur le front

Tant qu'il y aura des enfants
Pour honorer les morts de l'engagement,

La France, racine du Ciel,
Joindra bravoure et parole essentielle.

Ils sont loin de nous, les Poilus,
Mais aucun n'est un soldat inconnu.

Tous les noms du monument
Sont des officiers pour les vivants.

Le Roi du lac

Sur le point de rejoindre le péage
D'Aiguebelette, j'ai pris mon cœur

En vacances, pour flâner au joli
Petit port d'attache du grand hiver.

Quel ne fut pas mon bonheur de voir
Ce qu'un élève avait voulu me faire croire :

" Je sais écrire mon prénom dans la glace. "
Un début de renom, pour la grâce.

Écrire aux éclats

Dans une salle obscure, il est aisé
De rester proche du chemin balisé
Par l'apparence. Rêver de la belle étoile
Projette sur le cœur comme un voile.

Fort heureusement, les éditions Points
Introduisent le jour aux quatre coins
Du cinéma. Les *Fragments* de Marilyn
Forment un tout qui, douloureusement, chemine :

" *I seek joy but it is clothed with pain* " ;
Je cherche la joie mais elle est habillée de chagrin.

Un soleil si jeune *

Descendu à tombeau ouvert
Du col de Saint-Saturnin,
J'ai failli oublier de ralentir l'azur
De ma vie pour un panneau d'hiver.

En plein milieu de l'empyrée,
Ailes pliées, l'ange de Sonnaz
M'a rappelé la chance et le miel
D'une existence que la santé embrase.

Au sortir du vestiaire de l'âme,
Son souvenir a cadencé la trame
Du jour et sa voix cristalline en mesure
Soufflé le lac sur mon vieux corps.

Église cardiaque

Le dernier tramway sur la place Rouge
Attendait pour Karl-Marx que je bouge.

Le temps de laisser descendre
Le docteur Jivago, un confrère
De mon jeune père, j'ai cu entendre
Son cœur battre la chamade.

Mauvais pressentiment ; au pas de course,
Il fut saisi d'un vertige fatal sous la Grande Ourse.

Une glace plus loin, au coin de la rue Lénine,
Une jeune femme blonde pressait encor l'allure...

Était-elle tout un monde pour lui ?
L'âme à genoux derrière la vitre,
J'ai prié le cimetière après la nuit
De m'apporter la lumière à ce titre.

Elle est apparue, le recueil des *Poèmes
à Lara* en guise de cernes sous les yeux.

Vide de moi alors j'ai réalisé, à l'ombre
D'une balalaïka, que deux êtres qui s'aiment
À ce point aiguisent la grande scène de la vie
Sans jamais craindre d'avoir à se dire adieu.

Les froids de l'homme

Au carrefour de la cité
" Vous n'auriez pas une petite pièce ? "
Résonne autour de l'opacité
Comme un reproche à notre liesse.

Il est planté là, les yeux rougis
Au mauvais vin pour bougie,
Et son regard d'enfant perdu nous rappelle
Que le trottoir ouvre une fenêtre fraternelle.

Coupable aux mains pleines, j'arrive à lui tendre
Un billet ; il se gêne pour le prendre,
Mais son compagnon d'infortune, bâtard
Des rues, remue la queue en dernier avatar.

Recueillement

Je viens de descendre du train, avec la mélancolie
D'un temps qui a rongé son frein. De Chambéry
À Toulon, impossible comme jadis et naguère
De se pencher dangereusement à la fenêtre.

Et puis, ce car vert qui m'emmenait à Six-Fours
A dû sombrer dans un golfe pas très clair.
Amère l'onde, sans grand-mère au monde.

Plus fragile que le muguet cher à Mayol,
Mamy s'est laissée, juste après le but de Boli,
Ensevelir par le premier mistral ;
Le souffle coupé, je porte une mort
De vingt ans à la boutonnière.

Une Belle fille

Elle citait Jean Cocteau,
Sur les planches ou en plateau :
*" Les premières places ne sont pas
Intéressantes, celles qui m'intéressent,
Ce sont les places à part. "*

Tout au long de son existence
Où la douleur ne lui fut point épargnée
(Et nous pensons à la disparition de Pauline),
Bernadette Lafont aura su échapper
Au conformisme des catalogueurs de talents.

Hôpital de jour

Le petit garçon qui s'accrochait
À la main de sa maman peut avoir grandi,

Il aura suffi que la maison
Se vide d'amour en urgence
Pour faire de lui un homme perdu.

Au refuge du travail, pourra-t-il
Éloigner sa luge de cette faille ? Difficile.

Le vrai changement

Un homme se dit innocent ;
" Innocent de quoi ? " réplique
Le shérif de sévice. Impitoyable

Doit être la vie, avec le mâle
Qui met du temps pour suivre le matin :
" Claudia m'a ramené dans le droit chemin. "

Saison sèche

Ne pleurons pas l'été qui s'en va
Sans avoir accouché d'une diva.

Le chagrin, il faut le garder pour soi ;
La face du monde a assez de joies.

Une mise en demeure, que ce proverbe
Japonais rend peut-être plus acerbe :

" Il y a toujours une guêpe
Pour piquer un visage en pleurs. "

Résolution

Place de l'Étoile, les bulles de champagne
Voilent pour cent ans la tombe du soldat inconnu.

Chacun prend sa part à la paix du monde
Et tous forment le vœu d'une année
Où seuls sonneront les douze coups de midi.

Mise en œuvre

"*Avant nous le déluge*", la déraison
D'être barbares au musée de Mossoul.

Des statues inestimables, réduites
En poussière. Leur âme perdue ?

Pas le moins du monde. Et la Civilisation
Ne saurait seulement essuyer les plâtres :

Portons aux nues les frappes chirurgicales !

Du potentiel

J'ai lu beaucoup de livres
Et je pense aux adolescents
Qui manquent de mots pour les vivre.

À huit fiches du brevet,
Pourront-ils plonger leur inquiétude
Dans cet extrait de Borges, traduit par Ibarra ?

" Qu'on me laisse sans crainte
Au bord des fleurs obscures :
Il est des nuits que je déchiffrerai toujours. "

Chemin des Hoirs

Bernard de Fallois, éditeur agrégé de lettres
Classiques, a fait sonner quelques chrysanthèmes :
" Nous produisons des générations de jeunes gens
Qui n'ont pas de curiosité ni d'admiration
Pour tous ceux qui les ont précédés. "

Au rapport de stage, Elke dément
L'allègement du bagage : *" Les archives*
M'attirent par tout ce qu'elles ont à nous raconter,
C'est comme une bibliothèque de la vie d'antan
Où l'on trouve toute l'histoire des individus
Et du tissu social qu'ils composent.
Nous sommes le présent à la recherche du passé,
Les feuilles qui veulent voir les racines ".

Dose de misanthropie

La secrétaire de l'usine médicale
Prend son bien dans notre mal.
" Je vous laisse patienter ",
M'a-t-elle prescrit avant l'ordonnance.

Dans la salle d'attente, l'humanité
Vacille de toute son absence.
Les écrans n'invitent personne
À allumer un regard pour l'autre.

Cioran casse le thermomètre :
*" Est-ce qu'on demande à un virus
D'aimer un autre virus ? "*

Ressources

Il n'y a plus d'élèves pour mettre les chaises
Sur les tables (l'inverse ferait un malaise)
Et le documentaliste en aura bientôt fini
Avec l'archivage d'une nouvelle traversée accomplie.

D'autres papiers sortiront de la boîte
À l'aéroport de Reykjavik. Les racines
De Viking auront plus d'une branche
Pour se poser près d'une source fiable d'Islande.

Vol pour Rio

Trois petits oiseaux, qui n'ont pas froid aux ailes,
Se sont élancés de l'arbre droit sous la grêle
Pour se poser dans la cuisine hospitalière.
Faute de trouver du café à la petite cuillère,
Ils ont ramassé leurs forces et, à l'insu
De notre plein gré, gravi plus d'un placard.

Nulle médaille en chocolat, mais du sucre
Turbiné pour affronter l'océan. Le pain
Du cousin Calimero fera le reste.
Nos trois petits volatiles reviendront
Bien avec quelques anneaux.
Faisons confiance à leur indiscipline.

Alep – à l'aide !

L'enfant qui se fait un sang d'encre
Sait que l'adulte est un cancre.
Le maître du tableau noir avance
Des sanglots à l'histoire qui commence.

C'est une tâche on ne peut plus complexe
De vouloir sous une bâche cultiver la paix.
Ciel ! les fous de guerre se vexent ;
Ces pauvres gamins rangeront-ils le calumet ?

Cap de bonne solitude

Ava Gardner ne peut plus répandre
Le sel de son beau rivage.
L'homme qui veut tout apprendre
A choisi ce que recèle le grand large.

Au coin du feu, elle serre sa pelote
De laine. Dans les vents du globe,
L'être courbe l'échine comme l'aimé grelotte.

Sous la pluie glaciale, il fait le job
Pour le pavillon Baudelaire :
" Homme libre, toujours tu chériras la mer ! "

Voie cent issues

C'est bon de prendre le train dans la nuit ;
Ronger son frein, personne ne poursuit.

L'aiguillage renonce à la prière ;
Tous les visages annoncent la lumière.

Au cou du quai, les êtres humains
Veulent se connaître à plusieurs chemins.

Le petit garçon ne partage pas la vindicte

(2017 – 2018)

La montagne jure sur ma tête

Les batteries se rechargent au travail
Et mon fidèle Bianchi refuse toujours
L'assistance électrique aux confins du grand âge.

Je crache sur le plaisir de faire du vélo
Sans souffrance et la Maurienne dresse
L'autel estival pour cette exigence.

Le col du Mollard, que l'on encense
Au pied de Villargondran, et la Croix
De Fer me salueront dernier communiant.

Pêche gardée

La table de l'aubergiste mordra-t-elle
À l'hameçon d'un bon vivant ? *" Mam'zelle,*
Je prendrais volontiers une friture du lac. "

— Vous m'en voyez désolée, monsieur,
Mais la barque est encore prise.
Revenez plutôt au cœur de juillet,
Le poisson sera on ne peut plus frais.

Elle a de beaux yeux et une ligne
Du tonnerre, cette truite arc-en-ciel.
Serait-elle déjà apprise ?

Rien que par amour

Dans le berceau de l'angoisse,
L'arbrisseau avait la poisse.
Emmanuelle arriva et la hauteur
Cueillit des cerisiers en fleurs.

Lac de brume, elle riva
Son clou à l'égarement du cœur.
Plus jamais l'homme ne dériva
Pour le pire, contre le meilleur.

Rachat palpitant *

Dans la corbeille de fiançailles, un jeune homme
Apporte une promesse de capital. Quelle pauvreté
De sentiment ! Cette jeune fille est la seule richesse
Qui vaille. Elle l'envoie sur les épines. Il dépose l'élan,
Avec une annonce aussi petite que la rapine. L'appât
Du gain porte ses truies. Notre trader endurci
Cherche son salut dans une fuite éperdue.
La première montagne lui jette des pierres
À vive allure. La jeune fille en ramasse une ;
Quel bijou dans la vitrine des lacunes !
Le jeune homme se marie, pour le profit de l'amour.

À l'aune d'un petit pan de mur jaune

Vermeer avait plus d'une métamorphose
Dans sa palette. Le Louvre nous propose
D'en être davantage esthètes.

Loin de moi l'envie de jouer au sphinx
À l'exposition de ces révélateurs,
Mais ma préférence a vu Deft.

Outre amer

La Guyane ne veut pas entendre parler
De la possibilité d'une île. Sur le bord
Du continent sud-américain, elle coule
Depuis trop longtemps des jours malheureux.
Elle aimerait, avec la France, franchir un cap,
Sans devenir pour autant une forêt à la trappe.
Le poète Léon-Gontran Damas éclaire ce drame,
Dont les ricanements se pâment :

" Vous dont je sens
Vous dont je sais le cœur
Aussi vide de tendresse
Que les puits de chez nous d'eau
Au dernier carême ".

Bleu intrépide

Sous l'Arc, le soldat qui échappe à la critique
A vu tous les présidents de la cinquième république.

Ils sont venus, à maintes reprises,
Raviver la flamme de l'Histoire apprise.

Voici que le petit nouveau, contre la berlue
Des premiers pas, veut armer à son tour le Salut.

Le bon père François lui montre comment faire ;
Emmanuel sait déjà s'y prendre. France volontaire.

Ton pouls ne m'inquiète pas

Petite fleur du Tibet,
Tu sais, de l'éveil, lâcher prise.

Que la vie te garde à jamais
Du mauvais caché devant l'église.

Aime le crachin de Chine
Comme ton soleil ferme.

Ne courbe pas l'échine
Quand la lumière vient à terme.

Petite fleur du Tibet,
Tu sauras, du sommeil, lâcher prise.

Une fine fleur et l'on s'échine au fruit

Au cimetière, j'ai entendu ma fiancée
Promettre à voix basse le purgatoire
À l'âme qui se laisse aller à la plaine.

Ma potence a aussitôt relevé la montagne.
Dans la côte de premier incendie,
Menant des Molettes à La Chapelle blanche,

J'ai trouvé le salut, non sans mollir
Des mollets, de me refaire la cerise.
Gaby peut avoir un très haut sourire.

Arrêt au stand

Qu'il est bon d'agiter le drapeau
À damier de l'enfance.

J'avais hérité de la Maserati
De Fangio. L'électricité courait,
Au grand prix de Monaco,
Dans le regard de ma grand-mère.

Elle portait un chapeau
Qui l'emportait sur celui d'Irène.

Tendre photo à la une ;
Qu'il fait triste de réaliser
Que l'ombre avec le temps précède le soleil.

Casques d'or

Qu'ils aient été fils or pères,
Tous ont crié *Maman !*
Leurs entrailles à l'eau ou à terre.

Maison d'Izieu *

Nous entrons le plus humblement du monde
Dans le réfectoire. Les dessins et les lettres
Des enfants nous dévorent le cœur.

Dehors, le tilleul remplit encor la fontaine ;
Il manque tant d'amours sous ses branches.

Nous prenons la pose au même endroit pour
Témoigner que leur effroi coule dans notre liberté.

Devoir de citoyenneté accompli ce jour,
Nous rentrons bouleversés au collège.

À la noce

Dans la grande ville à l'ombre du temps,
Deux êtres ont veillé sur le sentiment
Qu'ils se portaient à l'autel du silence.

La vie a tenu leur parole. Quelle élégance,
Après 27 ans, de se reconnaître au premier regard !
Le café de l'Horloge est aussi de permanence.

Un garçon remonté va lire, entre deux marcs,
Tout le champagne de ce bas monde
Pour le beau brun et la jolie blonde.

Chaleur humble *

Dans un chemin de traverse, une caravane
Se repose du trafic. Le GPS est bien en panne.
John et Christine ont donné leur caisse
Sans résonance, pour douze cordes de tendresse.

Les pleurs ne démontent pas la pente

Un cœur déchiré sous le déluge
Retrouve un peu de bonheur au refuge.
Encore une année pleine de camarades
Et de projets d'élèves montés en grade.

Bons offices

Sur l'îlot de Tombelaine,
Il n'y a rien qui cloche.
On n'entend pas Big Ben
Et il n'y a plus d'Anglais sous roche.

En sanglots, je tombe la laine ;
La musique, qui était sacrée
À mon père, réchauffe les peines
Et Saint Michel émerveille la marée.

Mémoire de volatile

Dans l'arbre qui fait face à la maison,
Les petits oiseaux oublient de tergiverser.
À l'heure dite du matin, ils osent s'élancer
Sans la moindre rixe vers un seul balcon.

Pas d'erreur, c'est bien là que l'on pétrit
Pour eux les meilleures miettes.
Chloé et Caïssa, par l'au-delà nourries,
Aucune raison de se mettre à la diète.

Traitement de choc

La montée de la moutarde débouche
Toujours sur l'ancien internat de médecine ;
Je reprends du souffle aux sources de mon père.

Papa ! ils sont devenus fous. Plus sévère
Que ton ordonnance, la nouvelle formule
Du Lévothyrox est l'aînée de mes soucis.

Un homme qui doute de ses certitudes

Il y a trente ans, au retour d'un match
Opposant Saint-Étienne à Cannes
(Victoire 1-0, tête de Dimitrov), j'allais partager
Un yaourth bulgare avec une panthère noire.

Dans la cuisine, sous la dépendance
D'une radiocassette, les miaulements de Chloé
Avaient fini par s'évanouir, au profit du Boss.

Brilliant disguise fut une telle mine de perte
Que tous les voyants au rouge prolongèrent la fête.

Barbe durable

Dans un cadre accroché au salon
D'une fille que je trouvais terrible,
Foi de Johnny, trônait Raspoutine.

Sous l'emprise d'un épisode neigeux
Digne de se produire en Russie,
J'ai cru le revoir pendant la récréation.

Il ne s'est pas fait prier pour boire
Un thé vert : rien de louche, mon pope !

Fièvre d'amour

Une idée poétique a fait bondir Youri
De son lit. Il allume une bougie au bureau
Qui en a lu d'autres et saisit la plume,
Soudain pris d'une lèvre d'apôtre.

La jeune femme qu'il croit sur parole
Inonde de soleil la chambre dans la nuit.
Elle dort à poings ouverts et n'entend pas
Les loups hurler une larme au lac Baïkal.

Youri ne se laisse pas distraire par la fenêtre ;
La seule étoile qu'il veut connaître scintille
De l'intérieur. Il s'interroge plus encore
Et, le cœur tétanisé, jette à la corbeille
Les poèmes qui n'épuisent pas le sommeil.

Une pensée romantique a fait bondir Lara
De son lit. Elle allume ses yeux pour cette page
Enfin noircie à l'âme blanche. Et, la main droite
Sur l'épaule gauche du poète, se retire de la création :
" Ce n'est pas moi, Youri, c'est toi."

Comme un seul rite

Si, comme l'écrivait Vincent Van Gogh
À son frère Théo, mon père a pris *la mort*
Pour aller dans une étoile, sans doute alors
Sable-t-il le même champagne de sa nouvelle pirogue.

Voie d'eau

Assis sur un rocher de Sanary,
Je retrouve la barque de l'enfance.
Regarder la mer repoussait l'avarie
Que l'on éprouve au fil de l'existence.

Femme au volant

Rousse, brune ou blonde,
Elle veut mener le monde.
L'homme abusé, à la place du mort,
Ne demande pas grâce au décor.

Lagertha

Une fleur sauvage croise un arbre ;
Du courage pour deux, elle vient se blottir
Contre cette mousse d'Islande. Leurs sourires
Arrachent du drakkar le baiser de marbre.

Cache ta joie *

Jette ton cœur aux orties
Et Fleurette qui en a soupé
N'aura plus à indiquer la sortie
Au mauvais pli sous-cutané.

Le jury retient la jeunesse

Nous ne sommes pas du bon côté
De la table ; plus grand-chose à prouver,
Nous l'envions, ce jeune qui cherche ses mots :
Il enrichit la bienveillance de l'écho.

Selon une déesse de Corinthe

J'ai déposé dans l'urne de la plage
Le bulletin pour la plus jolie fille.

Il m'a semblé qu'elle prenait du plaisir
À faire lire sa vie aux hommes,

Sans qu'il soit question pour eux
D'apporter burnes et cœur au chapitre.

Ne leur pardonne pas...

Le mendiant tente de se laver en entier
Au lac d'Aiguebelette. Un va-nu-pieds
Le traite de *sale étranger*. Ses congénères
Veulent lapider ce cœur qui, pourtant, régénère.

L'embellie des grandeurs *

Le petit garçon ne partage pas la vindicte ;
Il aime voir son oncle demander au réel
De comprendre l'idéal. Ce que dicte
La mesure commune remplit les poubelles.

Vous pouvez nous rappeler l'effet ? *

Le président de la cour d'assises
A eu un écart de conduite.
Il se souvient d'avoir vu toutes les balises
De sa vie dans le tunnel classé *cent suites*.

Nonobstant, l'amour a levé sa main droite
Aux urgences. Un visage de femme ne jure
Jamais avec la vérité. L'âme étroite
A quitté cet homme. Magistrale tournure.

Que c'est triste cette mort apprise

Dans la salle d'attente, je cède à *la tentation*
D'Alain Juppé. L'espace d'un tableau, Venise
Inonde le livre. Le docteur vient me chercher ;
Ce n'est pas la bohème, je touche du bois.
France Musique interrompt le programme ;
Il est temps d'ouvrir le caveau d'une voix.

Une vie céleste

Les étoiles sont à portée de main ;
Mon père en décroche deux pour allumer
Son gâteau. Août 2017, le compteur bleu
A été remis à zéro. Demain encore, Stéphane
Aura vingt ans. Sur l'autre place de la Concorde,
Étudiant en médecine, prendra-t-il soin de Jacqueline ?

Notre Johnny c'est l'amour

Comme un dieu sorti de sa boîte
Et sans l'aide du moindre cyclone,
Johnny nous revient. Quel coffre !
Il ne concède rien. Sauf ce qui nous étonne.

L'altérité pour alternative *

Savoir vivre l'autre et remplir ce livre
Sont loin d'être des choses compatibles.
Dans les relations que nous prétendons avoir,
La franchise et l'attention ne l'emportent guère.

L'idole des vieux jeunes en vient même
À chanter cette misère : " *Puisqu'on fait semblant*
Et qu'on s'habitue à ne rien se dire du tout ".

Lors, on peut être tenté, à l'instar du si vrai
Jack Nicholson, de vouloir mourir l'autre.
Mais la vie est une Serveuse qui peut
Changer le menu sur la carte du Dur.

La relève de l'Arlequin *

Le père vient de sortir de scène ;
Il était le serviteur de ces choses
Que beaucoup considèrent mineures.

Son fils ne tombe pas encore le masque
De l'audimat. La fille qui l'accompagne
Veut que le verbe avoir reste pour lui majeur.

Elle le trompe sur toute la ligne ;
Il arrive qu'une mort frappe les trois coups
Auxquels une vie ne pensait pas.

Le fils endigué en plateau renverse
La soupe que l'on sert aux pauvres gens.
Chez les "ploucs", l'attend une vraie compagne.

Avec elle, pas question de séduire facilement ;
Le souffle des choses ne quitte jamais la scène
Quand un homme est maître de sa liberté.

Terres chaudes

Je sors du tunnel, la neige fraîche
Me saute au cou, comme une mariée
Qui aurait trouvé toi mage à sa crèche.
L'Avant-Pays ne remplit pas la hotte à moitié.

Taciturne amour *

Une blonde, en chair et en parole superbe,
Veut gagner une place au soleil. Elle hallucine
De devoir sans cesse prouver sa vie à l'usine.
Ce beau brun sera-t-il le maillon moins acerbe ?

Sacrilège

Le camarade Kristian n'a pas attendu
D'être à la retraite pour lire *le Contrat social*.
Aujourd'hui, il trouve légitime que l'on affuble
Jean-Jacques d'une sorte de chasuble.

Rousseau n'est pas en faute, c'est entendu
Notamment par Joseph Joubert le 15 avril 1815 :
*" Il n'y a pas d'écrivain plus propre
À rendre le pauvre superbe "*.

Je ne suis pas certain, hélas, que tous ces gens
Qui s'affichent en jaune y contribuent également.
Dénoncer des migrants inconnus de Genève,
S'en prendre à nos élites, quelle mauvaise herbe !

Dans la dernière courbe

Mandy, une amie distinguée, m'a tendu un plan
Du cœur de Londres. La troupe *Crazy Horse*
Va dresser grande table pour le Nouvel an ;
Sitting Bull recevra un peignoir rouge de force.

Qu'il advienne le papillon sur les pôles !

(2019)

La politesse dans l'affection *

Le colonel Brandon est à cheval sur le principe
De l'amour. Une fleur sauvage saigne
De tout son cœur. Ce qu'il donne dissipe
Le tourment. Dans le soleil leur bouquet baigne.

Sous haute protection

Il ne se fait pas prier quand l'offre
D'une petite cure à la campagne
Parvient à sa fierté. L'homme est un coffre
Faible sans l'armure d'une digne compagne.

Fertiles à l'écart

Gilets jaunes, foulards rouges,
Bérets verts occupent les rues,
Avec des mots d'ordre pour que l'on bouge ;
Signons le ralliement à la première issue.

L'âme sœur du loup *

O ménagère amie, framboise des forêts,
Chaperon rouge errant qui se nourrit de baies

Je recueille mon meilleur pour te servir,
Les pleurs du passé et la ferveur en l'avenir.

Ô de lessive

Le travail de la femme à la maison
Ouvre à l'homme plus d'un horizon.
Au lavoir de Nances, la mère Denis revenue
Met en vedette : *" Ah oui c'est vrai ça "*. Évolue !

Continuité du délice

Un manteau blanc traîne dans notre amour
De collège. Pascal et Laurent étrennent une trouée.
Les enfants ne doivent manquer aucun cours ;
Nous retroussons nos manches, aux fenêtres enjoués.

*5 février 2019, Jean Cocteau nous félicite
d'avoir conservé notre âme des neiges de Noël.*

Départ précipité

Maman a fait un malaise dans la cuisine,
Je l'ai rattrapée in extremis. Trois pompiers,
Pour une batterie d'examens, ont lié
Son sort aux urgences. Attente chagrine.

La Peste jaune

Ils s'en prennent à la mémoire
De Simone Veil et d'Ilan Halimi.

Ils répandent la haine, au passage
Paisible comme intelligent d'Alain Finkielkraut.

Dans la France de l'entre-deux-guerres,
Des Croix de feu ils auraient été solidaires.

En pleine nature *

Louve et ses petits traversent
L'existence. Surmonter l'averse,
Qui les trempe jusqu'aux os préférés
D'un gypaète barbu, écoule la moelle
Du monde animal. L'homme proféré
Mérite un canon à eau, place de l'Étoile.

Permission de sortie

Le vent de mars se lève,
Sans intention belliqueuse.
Deux gilets blancs annoncent la trêve
De l'hôpital à maman. Ambulance heureuse.

Notoriété *

Le poète, dans la cellule où il se grise
D'un moi, se demande si le romancier
D'à côté mène une existence plus monacale.

Pour accoucher d'histoires comme de personnages
Loin d'être haïssables, ne faut-il pas cacher
Son je, y renoncer en toute page ?

J'en entends néanmoins qui disent
Qu'il faut être sacrément ouvert
Aux mondes pour écrire un seul vers.

L'élue de son erreur

Le rossignol ne cherche pas fleuriste
À son chant. L'arbre se met en quatre
Pour l'offrande d'un bouquet. Persiste
La pie dans le cœur de notre ami. L'âtre
Sourit en coin. Aucun défaut de mélange
N'apprend sur une autre branche la mésange.

Feu de paume *

Ils nourrissent à présent le lycée,
Traversent la rue pour me serrer la main.
Leurs sourires soulignent le passé,
Éteignent l'envie de mourir demain.

Forêt blanche

90 bougies sont lourdes à la maison ;
Deux fils les portent à bout de cœur.
Jacqueline veut savourer l'instant et l'horizon ;
D'autres gâteaux chaufferont les heures.

La Nef reste à quai

À la fenêtre des âmes, grand-père
N'en croit pas ses yeux. La flèche
Notre-Dame a reçu une volée de bois rouge.

Comme Paris donne un souvenir millénaire,
Impossible pour nous de ne pas être revêches
À l'idée que son dessin avec le feu bouge.

Carte capitale d'André Verbaere – février 1967

Penser une plaie *

La cathédrale est bien déserte ;
Sur le bas-côté, un livre. Oasis
De mots pour Notre-Amie. Catharsis
Mineure au Corps de la perte.

La réussite est une course d'obstacles

Tu atteins le col de moins en moins vite ;
Ce temps de souffrance, tu le mérites.
Toujours loin de toi l'idée de te plaindre
D'un frais grimpeur. D'autres veulent éteindre
Tous ceux qui sont riches d'une performance ;
Volonté et courage leur font encore défaut :
Pauvre d'eux la France.

N'en rajoute pas, étonne *

Face A, le succès grand public ;
Face B, un artiste autrement authentique.

Les reproches n'éloignent pas *

Du Ciel, mon père me tend un encrier ;
Il espère que je ferai bonnes pages
De ses regrets. Le bleu est profond, à crier ;
Maman était si triste et nous trop sages.

Parler l'autre *

J'arrive exténué dans ton pays ;
Ai-je le droit de me croire à bon port ?
Tu veux que j'apprenne ta langue immediatly ;
Connaître la mienne te causerait du tort ?

Anémone

Le petit Jonas est triste, la fleur
De sa dune a quitté ce monde.
Elle aura toujours ouvert à cœur
Le grand chemin que la vie gronde.

Dans un endroit plus sûr
où les sentiments subsistent *

Comme un Stéphanois amoureux
D'un cœur de Lyon, tu te fourvoyais.
Tous ces jours à la noix, langoureux ;
Seules les nuits de Fourvière te choyaient.

Le football peut être cruel

Le cœur léger, François prend l'avion
Pour Glasgow. Il se passe du trèfle
Dans la poche du président Rocher.

Le cœur gros, François reprend le camion
Pour Placoplatre. Il essuie une nèfle
De ses larmes, la dent verte empêchée.

Sans concessions

26 ans déjà. Au cimetière de Sanary.
Mon père est attentif. Mamy
Mérite que ma rose atterrisse bien
Sur son cercueil. L'oncle de Normandie
Ne s'embarrasse pas du même lien.
Il ne croit pas que le Ciel l'attend :
Explique-nous, Dédé, ton amour distant.

Beauté profonde

N'arrête pas la danse,
Maman, cette fille incarne
La vérité. Nulle manigance
Dans son cœur ; je me réincarne.

Expédition incisive

Par Thor et par Odin, je rigole
De te voir agenouillée devant les runes.
Le drakkar ne sera jamais une gondole,
Naufragée du vent. Nos forces ne font qu'une.

Le maquis de Sade *

La rumeur propage sa jalousie
Autour du château de Miolans.

D'après cette rumeur, le prisonnier
A renoncé définitivement à la poésie

De la vie commune. C'est nier
L'innocence d'un désir violent.

Au quartier de haute félicité,
La lune a rendez-vous avec la face

Cachée du soleil. Elle écrit *liberté*
Sur l'affront ; deux cœurs s'enlacent.

Au fil de l'ô

Explique-moi ce qui t'empêche
De vivre avec toi. La rivière
Voudrait tellement que tu repêches
Le sentiment. Laisse couler ta civière.

Dans ta main, grand le chemin

Sous la voûte de la cathédrale,
Trois mots sortent de prison :
Bonjour, mon amour. Clarté vespérale.

Vingt-neuf années dans l'étoile d'attente,
Peuplées de moelle hurlante,
Ouvrent les bras et la porte de l'horizon.

Le poète est compagnon

Son absence, personne ne la gronde ;
Sa présence et tonne le monde.

Singulièrement, il trempe la plume,
Gratuitement. Les crampes d'enclume

Veulent l'attraper pour qu'il dépose l'élan ;
Se connaître ennemis, pas question !

Sous le chêne, il dispose des glands ;
Cercle virtueux de leur satisfaction.

Brise de bec

Les petits oiseaux me réveillent
À cinq heures... Il faut que tu te remplumes.
Faire du vélo avant que le ciel ne s'allume
Dépasse, à l'ombre d'un col, tous les soleils.

Apprendre à vivre *

Cette année encore, la rose du collège
Aura fait fondre les épines comme neige.

Sur une plage du lac d'Aiguebelette,
Le cornet s'allonge. On peine à trouver
Qui ne savoure pas le brevet. Quelques têtes

Cherchent ce qu'elles n'ont su prouver ;
Le sable est froid comme une frite
Privée de moule. L'échec n'est pas un rite.

De l'avis général. D'un point de vue individuel,
Il en va peut-être tout autrement. Un duel
Perdu contre soi pousse au jaillissement d'Excalibur.

Je vous permets, mademoiselle, d'emprunter mon frère

Au bal populaire, un homme fait tapisserie ;
Une adorable lumière le tire du linceul.
Jeu dansant. La fanfare de Chambéry
Consolera les éléphants restés seuls.

L'Honneur ne se rend pas *

L'Empereur se tient droit
Au milieu du couloir. Tonton Michel
L'a relevé à l'école d'Elbe.

Grande l'armée se sait encor ; elle
Défile sur les Champs. L'effroi
De Waterloo n'a pas dissuadé la plèbe.

Maléfice d'inventaire

Du bureau de mon grand-père,
À Six-Fours, Mamy entrevoyait la mer.

Le curé de la paroisse Sainte Thérèse
Ordonna d'étendre le mur d'enceinte.
La baie de Sanary en prit pour son aise ;
Les vagues noyèrent l'écume d'une plainte.

Du bureau de mon grand-père, au froid
De Chambéry, je me heurte à une paroi.
J'ai beau secouer l'encens d'encre,
Personne ne vient hisser ma moelle.

Je suis un for qui ne lève pas l'ancre ;
À fond de cale, pliées sont les voiles.

Peinture d'Isabelle : la main n'est pas gauche

Caducée de Savoie

Stéphane examine tous les livres
Du concours d'internat. Son classement
L'éloignera de la tour Eiffel. Vivre
La montagne, quel bon traitement !

Éclair de Lune

Une femme et deux enfants ont perdu
Un homme dans le quartier. La nuit
N'éteint pas leur rêve. Sidérés à la vue
De Neil Armstrong, sous une pluie
D'étoiles ils le retrouvent... Des semelles de vent,
Pour l'aider à revenir sur la terre de l'engagement.

Trois semaines intéressantes

Jusqu'à cette arrivée bien banale
Sur l'avenue que des gueux
Veulent confondre avec le capital,

Le Tour n'aura pas manqué de France.

Nous n'oublierons jamais ce que Pinot
Et Alaphilippe auront fait pour nos
Couleurs, à défaut d'être en jaune à Paris.

Sois belle si c'est toi

Qu'elles sont jolies les hôtesses !
De leurs journées on s'entiche.
Au fil du tour, seules des bougresses
Les voient comme des potiches.

Haut service de l'écrivain

Les marges sont pleines, Proust
Ne sait plus à quel espace vouer
Sa réécriture. Céleste, dévouée
Au dieu possible, donne une rouste
À la fin des proses. Allez ouste !
Quelques languettes pour ajouts nouer.

Défaillance n'enlève pas vaillance

Au passage à niveau de Cognin,
Commence l'hostilité. La rampe de Chalou
N'accepte pas le port du masque ;
Il faut s'y montrer sous son jour véritable.

Le pire est né et je ressens le supplice
De Romain Bardet. Saint-Sulpice
Vient comme une délivrance. Cela ne dure
Pas. Les six derniers kilomètres, on les endure.

J'attends le col pour rebrousser chemin. Novalaise
Ne ravitaille pas les vacances encore balaises.

Répit coupable

Maman a trouvé d'autres cœurs
À qui parler. Elle oublie l'heure
Que j'ai. Ses interrogations, répétées
Dans l'immédiat, torturent mon été.
J'abrège la visite. Ce n'est pas bien
Et je m'en vais, triste. Perte de lien.

Je relève mon crawl
pour ne pas prendre froid

Sous le soleil de grand-mère,
Une ombre subitement se propage.
Elvis ne chantera plus sur terre ;
Le roc va nous manquer entre deux nages.

Brasse écoulée

Depuis deux ans sur l'autre rive,
Mon père voit mieux l'agitation

De ma vie. Ces eaux à la dérive
Troublent les cieux de sa résurrection.

Pour que je tienne le beau rôle,
Qu'il advienne le papillon sur les pôles !

Jeanne parque le loup *

Au magasin de dix épreuves masculines,
L'embarras n'est pas médaillé. Féminine

En diable devant la dernière tente Quechua,
Elle garantit l'ouverture en deux secondes.

Souvenir fugace au lac de la Coche ;
Pour la replier, c'est l'orage qui gronde.

Mademoiselle, ferez-vous le choix
De prendre avec moi le pouls des grandes roches ?

Entre cime et abîme

Les lacets de Montvernier ne m'ont
Pas défait. Le col du Chaussy, par contre,
A bouclé l'intention de me laminer.

Au cimetière de Montpascal,
J'ai bu les paroles de deux cyclistes,
Ménagés à l'électricité : *" Il arrive*

Un âge où l'on doit renoncer
À se faire mal." Sans cracher
Sur leurs colombes, j'ai repris

Ma vieille monture. Boris Vian
Sait que je ne déserterai pas :
" Il en reste assez, mon cœur."

En fin de compte

À *la Corolle,* Maman a bonne étamine ;
Elle s'ouvre à deux autres gamines
D'un souvenir de guerre : *" Les Allemands*
Me donnaient des bonbons sur la route
De l'exode." Bravoure bretonne entend
De son côté encore le bombardement
Allié de Lorient. Elle avait, sous la voûte,
Le cœur étoilé pour Florian. L'amour termine.

Des gouttes d'eau contre l'incendie *

Le développement durable mérite
De voler aussi de vos propres zèles,
Demande-t-on en substance aux élèves.

Entièrement d'accord avec ce rite,
Pourvu que le consumérisme replie ses ailes ;
Sans cela, pour la planète, ce ne sera qu'un rêve.

Effusions

Au plan d'eau de Challes,
Pink et Floyd trempent les cendres
De Pompéi. Cela nous emballe ;
Le phénix s'est trop fait attendre.

Registres d'influence *

Ce matin, nous ne sommes plus
Présidents de la République ;
L'Éternité nous a élus.

Vous appeler monsieur Mitterrand
Procède de ce jugement magnifique.

Mais vous avez tout à fait raison,
Monsieur le président.

Évolution d'octobre

La minute de silence est passée ;
Le grognon de service peut embrasser
Une autre rose. Le Président Chirac
N'a pas d'épine pour quiconque se détourne
De son halo comme médit sur sa marque
De République. Sur le quai Élie où il séjourne
À présent, le meilleur de l'humain sait
Que la grogne ne pourra outrepasser la paix.

Jusqu'au dernier ! *

Un homme se retrouve tout seul
Sur Terre. Pour s'éloigner du linceul,
Il fouille les décombres. Un livre
Peut redonner l'envie de vivre.

En le saisissant, ses lunettes
Lui échappent. Il les écrase.
Innocent au chapitre. La planète
Espérait cette ultime phrase.

Le grand dessein

Sur le pont de l'institut,
Deux jeunes garçons, croqués
Par leur grand-père, dessinateur
Industriel, valent tous les gisements
Du monde. Ils auront du cœur
Et de la suite dans les idées.
Le petit blond, avec des souliers blancs,
Veut allumer aujourd'hui une nouvelle torche ;
L'aîné cherche un briquet au fond de ses poches.

Divines sixties : du pétrole à Rueil-Malmaison

Autre temps, autre banquet

Placé en réanimation au Ciel,
Mon père réapprend à vivre.

À la gauche de l'Éternel,
Gaby la magnifique livre :

" C'est l'anniversaire de Stéphane,
Vite ! une fondue au comté pour manne."

À l'internat de médecine, pas de fièvre chagrine

C'est toi ce livre ? *

Dans les rues de Chambéry,
J'ai semé un nouveau caillou.
L'autre marche-t-il d'une vie
Pour me traiter de *petit canaillou* ?

Les enfants ne sont plus grondés *

Adrénaline fréquente la bibliothèque ;
Elle aime dans un coin buller.
J'oublie, face à Ducobu, d'être pète-sec ;
L'ado peut, soudainement, la lecture aduler.

Fermiers généraux *

Ils mettent les paysages
En ordre pour ravir nos visages.
Ils creusent le sillon
Pour remplir nos assiettes.

Ils ont suivi, à leur corps défendant,
Un modèle dont on fait le jugement ;
Ils continuent de se lever, innocents.
À la barre du développement durable, étrillons

Les accusateurs de mauvais poêle. Échauffer
Sans répit les oreilles de la terre contribue
À l'irréparable : chaque jour, en France,
Un agriculteur se donne la mort.

Irbis et Urbi *

Au secret tibétain,
La panthère des neiges
Moque notre impatience.

Oh crétin des plaines, tu secoues
Le chariot de la grande course
Pour avancer l'heure du corbillard.

Les cadets doivent avoir le souci de leurs aînés *

Nous entrerons dans la carrière
Quand Victor ne présidera plus à table.
Nous n'oublierons jamais d'être fiers
Des traces de ses vertus vulnérables.

Autour de Grand... père :
Thierry, Ariane / Jacqueline, Nadine, Michèle.

Photographe : oncle Jean

Ah c'est gentil ça

Le père Denis a perdu sa femme ;
Il la relève, de bons pleurs, au lavoir
Et pour cuisiner maison. L'enfant réclame
Aussi une éducation sans bavoir.

Maillot noir

Les feux du Puy de Dôme
Se sont éteints. Raymond Poulidor
A rejoint Anquetil. Il appuie
De toute sa vaillance sur les étoiles.

Séduite en erreur *

Entre deux nénuphars,
Une grenouille cherche son prince.
Du conte so far,
Elle trouve un crapaud : mince !

Frêle retour *

Qui sont ces gens ? Ils ont des plaies
Jaunies comme un vieux livre. Les recoudre
Ne suffirait pas. D'autres grains à moudre
Et de vrais regards à pourvoir, sans délai.

Tu ne vas pas me laisser seule ! *

Garde bien ta maman. Son fauteuil
Médicalisé lézarde ton cœur. Le deuil
T'atteindra, quand l'autre monde
Aura disposé pour elle une chaise ronde.

La Fleur du bien *

En salle des profs, un recueil déposé
Gracieusement espère la rosée
De nos lectures. Les adultes
Peuvent être des fruits sans insulte.

Maintien dans les yeux *

Soigne toujours le cœur
Qui épouse ton corps.
Ne cède jamais aux ailleurs
Tes battements de sort.

Aiguiller Ducobu

Saint-Michel à l'heure du thé,
Le train pour Chambéry va partir.

Il se traînera comme d'habitude ;
Catherine en profitera pour lire.

Elle pensera *" c'est fort de café ! "*
Face aux copies d'une langue rudes.

Certifiée humaine

Petite lumière sous roche danoise,
Anna Karina débarque à Paris. La toise
De l'existence ne pourra rien contre ses yeux
Qui embarquent le monde. Parcours merveilleux.

La Grâce du village

Au cœur des Bauges, le dahu
Coule des jours heureux. Catherine lui conte
Une histoire à gravir, en tournant itou. Le tohu-bohu
Ne fait plus de petits. Sans nulle honte,
Catherine et le dahu se sont retirés
D'un monde insensible à la veillée.

Diamant de rivière *

La femme en cuisine
Met l'homme sous sa dépendance.
Toutes les petites choses s'illuminent
Et, grâce à elle, deviennent immenses.

Ses yeux éclairent le soleil,
Son regard fond sur l'hiver.
Cette femme est une pure merveille,
Elle ne sait pas parler de travers.

Corps et lien *

Une lampe allumée dans la montagne ;
La femme, qui se verrait bien promise,
Presse le pas. Solitude perdue gagne
L'amour. Avec ou sans la bénédiction de l'église.

Ça ne se fait pas !

Gabrielle au *Lys d'or*
A vendu un collier à la Reine.
Le peuple tenu en dehors
Leur jette les perles de sa gêne.

Un présage d'enterrement ? *

D'une année, nous allons être veufs ;
Nos espoirs seront-ils bons pour l'hospice
Ou déplacés sous de meilleurs auspices ?
Au Nouvel an, narquois et neufs.

Aux lèvres du cœur, larguer l'écume

(2020)

La monnaie de sa liesse

Elle encaisse l'indifférence,
Quand ce n'est pas du mépris.
Je ne regarde pas à la dépense :
" *Meilleurs vœux !* " L'hôtesse sourit.

Le découragement assailli *

Il en a gros sur le cœur ;
Avec le temps, la peur.
Il refait quand même son sac ;
Oublier d'être blême, à l'attaque !

Marri à Brest *

J'attendais l'amour sous la pluie ;
Je n'ai pas vu son jour de ma nuit.

Petite lumière de Singla *

Tu as du mal à employer le verbe avoir ;
Impossible de ployer sous ton humanité.
Le monde connecté fait peine à voir ;
Les lignes de ta main disent la vérité.

Le ballon en tribune *

Notre capitale brille de mille feux
Et d'une seule équipe. C'est peu
Quand à la traversée de Londres
Arsenal, Chelsea ou Tottenham
Viennent sur le champ nous répondre ;

Queens Park Rangers, West Ham,
Crystal Palace, Fulham ne sont pas en reste.
Le Red Star et le Paris Football Club font des gestes
Qui ne chantent pas encore. L'argent, nerf de la trame.

Rappel au mordre *

L'autre te pose encore question,
Au contraire d'un nous de semonce.
La solitude est mauvaise inclination,
Dans le contentement de sa réponse.

Exister dans ce qu'on pense *

Réactionnaire, disent-ils.
À la grande surface du coin,
Je me précipite sur un livre utile ;
Une aiguille dans une meute de foin.

Colcord a son arc

Toutes affaires cessantes, chez Jean-Louis
L'Amoroso. Il a toujours de Dalida
Tous les disques. Je lui ai demandé
Un vinyle un tantinet plus animal.

Bien sûr Lou, Steve et Dick
Se posent là pour dresser la table,
But Ray de moindre notoriété publique
Nous régale de sa nappe d'orgue admirable.

Papillon de jeunesse

Alexandra est devenue bibliothécaire
D'Alexandrie. Elle me fait un appel du nez,
Par ailleurs très joli. Je m'étire de tout mon long
Comme un scribe exténué, et j'affrète
Le premier Concorde éternué pour Le Caire.

Préférences

Les brunes ne comptent pas
Pour des prunes. Ton cœur qui bat
Dans l'amphi de Dominique en témoigne.

Tes vingt ans sont à l'écoute
De Fleetwood Mac. Sans aucun doute,
Stevie Nicks te branche et t'empoigne.

Maureen O'Hara ne fait pas de quartier
Sous sa chevelure rousse. Tu es tout entier
Dans le désir d'une telle fille, rue de Boigne.

Une saison de plus

Le cœur a ses horizons,
Quand le corps à la raison
Ne la ramène pas. Je reprends
Le vélo ; il va me falloir du cran.

Laissant Ciel, participer encore

Petite mère passe dans les coulisses
Le plus clair de son dernier temps. Elle assiste
Au spectacle de la vie. Il n'est pas trop tard, insiste
Sa progéniture, pour venir danser le délice
Ou serrer le soleil sur le balcon des verbicrucistes.

La plus belle du monde : MAMAN

Dans le flou romantique

Une belle âme des champs d'Ukraine
Attend une offre de main et de cœur.
Les hommes sont trop souvent à la traîne
Pour trinquer à la santé du bonheur.

Déplaisir d'amour

Timide a un gros faible
Pour Blanche. Tel un aigle,

Il déploie son cœur. Crime
De lèse-féminité, elle le transforme

En Grincheux... Ne t'escrime
Plus, même si la Sorcière a des formes.

Il ne sera jamais mort de ta vie *

Vois-tu, Alicia, ce beau brun
Cherche encor sa jolie blonde.
Il a la peau dure, le chagrin
Qui recherche l'ancolie du monde.

Partisane du grand accord

Angie, entends-tu toutes
Ces harpies ? Elles dégoûtent
Les hommes, ne donnent plus le jour
Mais la nuit à l'amour.

Comme l'écrit le bon Charles
Juliet, *" aide-moi à te prolonger "* ;
Lève-toi et parle
De la relation que tu veux protéger.

Louve absorbée

Venez boire, les petits, l'eau
Est claire. Au prochain miroir,
Nous troublerons les agneaux ;
Lavez bien vos lames de rasoir.

Réduit à la mobilité *

Xavier n'était pas maître de harpe ;
Pour voyager autour de sa chambre,
Il n'en tenait pas moins la corde.

Confiné à mon tour,
Je tire bénéfice d'un tel inventaire ;
Un fauteuil adossé à Saint-Pétersbourg.

Doyen de subsistance

Le printemps s'approche tout doucement
De l'arbre qu'un promoteur fera mourir.
Allez, encore un bon mouvement ;
Repousse le marbre ; nos cœurs à fleurir.

Celle qui a le loup pour mari regarde du côté de la forêt *

Je crois que tu doutes encore
De mon envie de devenir meilleur.

Vois-tu, j'écoute ton silence. Et j'adore
L'idée d'être nourri de tes sourires en fleurs.

L'attraction de tous les pôles
De ta vie me rend large d'épaules.

Triste à ne pas mourir

Les enfants sont partis,
Il faut savoir rester à table.
L'utilité ne devient pas une fable,
Même si, sans eux, elle perd l'appétit.

Misogynie

L'infirmière a un masque intégral ;
Elle me regarde de travers,
Soupçonne-t-elle aussi ma mère ?

À la boucherie *cent os*, une corne
D'abondance pique la file d'attente ;
Elle brandit une moelle d'invalidité.

Au *marché moins* d'à côté,
Deux roulures en viennent aux mains
Pour le dernier paquet de farine.

Issue de recours

Un petit loup n'entend pas dépasser
Le col de Cochette. Ramener sa fraise
À La Rochette ne serait que foutaise.
Il devine même la machette
Qu'une sœur de Charlotte Brontë
Lui réserve en cachette.

Notre petit loup préfère
Couper court. Le bonheur
Comme l'amour, ici, ne sont plus à faire.

Confiné à la droite du cœur,
Il signe la dérogation de Pavese :
" Il y a certainement dans la rue une femme
Qui, si on l'en priait, donnerait volontiers un foyer."

Dans l'idylle de profonde solitude *

La beauté du diable solitaire
Ne s'estompe jamais. L'écho
Peut lui parler d'un travail du chapeau,
Son cœur reste dans l'allure extraordinaire.

Le bras gauche ensanglanté,
Retrouver sa cage n'est pas un sévice
D'urgence. Ne plus chanter
Le mariage alimentera d'autres délices.

Gino n'arrête pas le vélo *

Un Juste fait le tour du pavé
De maisons. Un motard
Lui monte au nez : " *Vous avez*
Une copie de feu vert ? " Faire-part
De douce France. " *C'est bon, circulez !* "

Aurore subite

Remonté aux Charmettes ; Maman
Commençait à réprouver le temps.

S'il est une petite ville au monde où l'on goûte
La douceur de la vie dans un commerce agréable
Et sûr, c'est Chambéry.

À l'auberge rouge, attendant Voltaire,
J'ai trinqué avec une rousse. Émilie
A grondé qu'elle n'avait nullement besoin
D'être portée pour me rejoindre.

Dans sa chaise, Maman cuve son jus de pommes ;
Elle ne s'attend à rien. La fenêtre m'étonne d'amour.

Bienvenue Albert ! *

Au domaine de Dieu, tu vas pouvoir
Donner à l'amitié bien d'autres histoires.
Linceul dans son coin, René t'attendait ;
Tu verras, ici, tout commence par un banquet.

Traumatisme *

Dans un camping de Copenhague,
Trois copains refont le match.
En plein cœur, une dague
Allemande ; échange de patchs.

Une histoire déplorable *

Un éclair de lucidité te ramène
À la raison. Ta main gauche
Se fend d'une ligne de mort.

Tu saignes du cœur, elle ne l'a
Jamais cherché. Seul l'espoir entretenu
Dans l'acouphène de son silence peut être tenu
Pour épine. Tous tes bouquets de roses
Ont le parfum des cendres. Lors, n'ose
Plus exhaler l'amour à la folie :

" Tu as deux enfants,
J'en ai plus de trois cents ;
Nous pouvons nous apprendre,
Marions-nous pour le comprendre."

Au ban de l'hyménée

Je gagne, aux rames d'Aiguebelette, la raison
De la source qui sèche le cours
Des frêles esquifs d'amour :
" J'ai eu un petit garçon ".

Pour autant, mon sablier perd l'horizon
Où ni l'hôtel de ville ni l'église
N'en appellent à notre divine surprise :
Émilie et Pascal, commençons.

Make news

Le grand amour a obtenu sa mutation,
J'ai deux enfants de plus sur le banc
De mon cœur. Notre habitation
Entend les loups de la forêt.
Ils renoncent aux hurlements,
Nous applaudissent après
Le prêtre et le maire. Communion.

Rebond de bal éperdu

Notre père qui est aux Cieux
Avait bien le droit de nous emmener
Sur le pont de ses secondes noces.

Sa veuve, en le retrouvant, enlacera Dieu ;
Ida, nous avions appris à l'aimer,
Pour la danse où ne gronde aucun gosse.

Sept de cœur

Maman n'a pas de masque, elle brasse
L'air. Ses 91 bougies n'y résistent
Pas longtemps. Je l'embrasse
Pour trois : Philippe et Samuel insistent.

Du bon côté de l'écluse *

Jean s'est évadé ; il a bien compris
Qu'il fallait, pour être heureux, se cacher
De tous ces gens élevés en batterie.

Au lavoir insoupçonné, une veuve
Étale son amour clair. Elle abreuve
L'ordinaire de poussins. Bientôt tachés

De sang, ils couvent encore l'étranger.
Dans la grange, une jeune maman sublime
Lui donne une dernière étoile avant l'abîme.

Chef d'accusation

Alors vous, on ne vous entend jamais,
Si ce n'est pour casser du sucre
Sur les directives d'urgence salées.

Et l'on ne vous entend pas davantage
Lorsqu'il s'agit de soigner le courage
Au balcon. Vous êtes de la fosse.

Manant des sources *

Ce n'est pas beau la danse du centre,
L'amour porté au paroxysme de soi.
Pardonne-moi de te rappeler quelque chose
Qui plaît aux épines comme déplaît aux roses.

Tu as reçu un faire-part de naissance,
Puis la confirmation que le bonheur entre
Où tu sors. Mais tu as rompu le silence
Qui s'imposait de tout cœur. Sans doute

As-tu pris une tisane du diable, bu
Les fake news sous roche. Mis en déroute
Par la vraie vie, bride à jamais l'émoi
D'un autre âge. Je vais prier pour qu'Elle te salue.

Air comprimé *

Comme un avion sans elle
Peut décoller quand même,
Il se résout à attacher sa ceinture ;
Piquer du cœur à la prochaine escale.

La bonne pointure,
c'est celle que j'agrandis

Toute sa vie durant, Robert Herbin
Aura mis à mal la *vraie médiocrité*
Qui, à ses yeux, revenait pour un être humain
À *ne pas chercher à se tester*.

Cela reste entre nous *

C'est la fin du moi d'avril ;
Transmettez-lui juste un *bonjour*
Résolu au départ. Injuste l'amour
Qui continue de la chercher en ville.

En observation

L'athée du nuage n'en croit pas ses yeux,
Le soleil donne pourtant un sacré coup de vieux.
Notre cycliste n'en a cure, sorti du confinement ;
L'autre monde renforce l'entraînement.

22 mai, 15h06, entre Apremont et Les Marches

Prescription

Un ver de terre tend une rose
À la chenille rêvée. Sur la pelouse
Illégitime, une processionnaire tombée
Du pin l'aiguille : *" Arrête ton char "*.

La fleur est fanée. Il l'arrose
Quand même du chagrin précipité.
L'infirmière a un joli cœur sous sa blouse ;
Elle dissipe l'amertume et le brouillard.

Bande à part

Bien sûr, derrière ce fil de discussion,
Il y a des êtres humains qui cherchent
À sortir du labyrinthe. Mais la lumière
De l'écran éreinte. Cesare Pavese
Ouvre une perspective sans malaise :

*" Viens alors le besoin de s'isoler,
D'échapper au déterminisme de toutes
Ces boules de billard."* La souris au tapis,
Il est bon de prendre du temps solitaire ;
Le partage sera autrement solidaire.

Où vont tous ces enfants dont pas un seul ne rit ? *

Oui à un enseignement humain,
Dispensé en continu dans la classe.
Non aux plateformes numériques,
Qui comptent prendre sa place.

Comme un sanglot fait son nid

Ce ne sont pas les enfants de celle
Que j'aime qui s'approchent de moi.
De tout cœur, autrement, j'ouvre les ailes
Aux pierrots, d'une épine masqués. Émoi.

On ne devrait pas s'habituer à vivre,
on devrait être étonné tous les jours *

Boby, la pointe de vitesse
Ne t'en veut pas. Dans la vie,
On cale où on peut. Un pli express
Attend l'herbe du Paradis.

Déception déçue *

Quand l'amer monte,
J'ai vraiment honte.

Aux lèvres du cœur,
Larguer l'écume.

Se narguer de douceur
Prend du volume.

Un cas désespéré ?

Ce jour, sous l'ombre exactement,
Cela fait 27 ans que Mamy fait œuvre
De scintillement pour que je manœuvre
Dans le sens de son contentement.

Et comme ce n'est pas gagné
(Ne comptons plus sur l'amour d'Émilie ?),
Un ange à la radio vient castagner
Le spleen que je tiens pour embellie.

La mort lente

Par un temps d'orage, tu sors ton cœur
Et le corps qui va avec. Pour le palpitant,
Ça mouline encore. L'enveloppe, elle,
Ne déplie plus le premier jour.
Proche du dernier affranchissement.
La franchise des étoiles te recommande
De continuer. Jusqu'à quand ?

Apparition fugitive

Dans une petite robe qui défroisse
Plus d'un cœur, Amy bouge divinement.
Mesure-t-elle, entre deux gorgées d'angoisse,
Que son rite est proche de l'achèvement ?

L'arracheur du val (Gelon)

Passage éclair à La Rochette ; mon dentiste
Exerce désormais sur ces terres incisives.
J'ai pris soin de renoncer au bruxisme
Devant le collège ; il ne saurait brusquer,
L'éternel bonhomme de neige.

Le docteur a ramené sa fraise
Pour me prévenir que tu avais une dent
Contre moi. Une sorte d'implant.
Couronné d'une demande en mariage.

Si tes dents de lait surplombent
Au contraire ce déchirement,
Viens, de ton grand amour, débusquer
L'éternel bonhomme de neige.

Mes yeux, les censeurs *

Un homme ouvert sur le monde
Ne se satisfait pas de son histoire.
Il se rend au cinéma, où abonde
L'imaginaire qui manque dans le miroir.

Des activistes veulent lui barrer l'entrée,
Au prétexte fallacieux que le grand film à l'affiche
Ne répond pas aux analyses de leur petite réalité ;
En bon pilier de l'art, je les défonce – à la niche !

La flamme bleue *

Une femme pose demain sur l'épaule
D'un homme. Il passe enfin le pôle
Par les armes. Allumer le feu d'ensemble
Est un jeu pour les enfants qui se ressemblent.

Et j'entends le train te siffler *

La locomotive que tu attends au quai 2
Ne circule pas les jours impairs.
Biche et cerf ne feront jamais la paire ;
Le wagon hallali sera brûlé sous peu.

Que c'est loin de toi où tu t'en vas ;
Elle réserve à cet abandon tous les vivats.
Un homme qui aime, une femme le sait proche
De lui-même. Cela suffit comme reproche.

Dites 63 !

Papa, pardonne-moi, je ne parviens pas à réparer
L'abandon du domicile conjugal. Mon adorée
Ne veut pas sacrifier son foyer sur l'autel
De notre mariage d'amour. Si Maman frêle
Ne ressentait plus le besoin de ma présence,
Le pont de l'Abîme me rapprocherait de ton absence.

La table qui gronde

Les professeurs sont sur les rotules ;
Des apprentis chevaliers s'agenouillent
Devant les gentes filles qui les ignorent :
Le tournoi de fin d'année, personne ne l'adule.

Comme on se retrouve !

Les écrans de fumée n'ont pas éteint le feu
Dans le regard des élèves et des enseignants.
Tous couvent des yeux la rentrée prochaine ;
Elle ne perdra personne si la classe reste humaine.

Coup de jeune

J'ai pris la roue d'une jolie fille
Dans le col du Chat. Elle mouline
Comme Lance Armstrong. Je m'échine
À vivre sa cadence ; le regain frétille.

Viens, Biloute ! *

Un gros loup se lance du pont de l'Abîme ;
Son cœur éclate en mille sanglots.
Il ne s'éprendra plus. Le corps élastique
Remonte, sans collier, au bord de la route.

Du volume ! *

Les Évangiles selon Ida et un *Ave Maria*,
À tirer des larmes aux enfants de Béria,
Ont rempli l'église. Les voix du Seigneur
Sont pénétrantes. Celle du prieur,

Beaucoup moins. Ce n'est guère catholique
De célébrer un être dans une telle acoustique.

Une tombe s'ouvre, deux urnes s'enlacent ;
Il faut d'abord descendre pour monter en grâce.
Près de mon père, auprès du Père Ida se tient aussi ;
Les fondations de la maison céleste sont ici.

Coupe réglée

Je reste de mèche avec l'urne de mon père ;
Au vestiaire de l'âme, ses cheveux sont en cendres.
Place de la Concorde, pour rencontrer ma mère,
Il avait pris soin de les avoir en brosse.

Joie romaine *

Optione, laisse aller ton cheval de Sienne ;
Il connaît, par fer, une valse de Vienne.
Toi-même, tu danseras sur les tables
À l'auberge *Lemenco*. Du jambon d'Aoste
Et de la cervoise, quelle halte mémorable !

Sous le dolmen

Un barde écrit sur des cailloux,
En pure perte. Il n'est plus temps
De lire dans ces runes, canailloux ;
Elles prédisent les neiges d'antan.

Ligne directrice

À la taverne, un vieux loup de mer
Berne le monde. Les coups qu'il se sert
Lèvent le coude de la solitude subie ;
Mensonge ! une rencontre n'est pas une lubie.

La porte grince ; tous les matelots
Ou presque se retournent. La fille de Ryan
Fait trembler ce qui leur tient de grelots :
Taisez-vous, c'est pour le loup qu'elle file Ariane.

En quête de flagrance *

Les rues sont jonchées de masques,
Ce n'est pas un coup de Fantômas.
La brigade accrocheuse aux basques,
Elle va rire jaune la populace.

L'Avocate et le diable

Une femme a pris la liberté de son corps ;
La justice des hommes lui reconnaît tous les torts.
Parole est quand même donnée à la défense ;
Gisèle Halimi met au monde l'innocence.

Nage indienne *

À bonne école, j'ai réglé mon ardoise ;
Bain de jouvence mérité à La Thuile.
Un panneau me cherche des noises ;
Vinaigre interdit au lac d'huile.

La politesse du roi

Tu es juilletiste ou aoûtien ?
Les deux. *Quel privilège, prof !*
Certes, mais on le mérite bien ;
  Dix mois nous apostrophent.

Jus de truffe *

Venu chercher de la cochonaille
À La Rochette, il tranche net
La fable qu'une biche honnête
Lui inspire encore. L'eau de boudin
Jure, devant la Sainte Trinité, avec la fontaine.

Scène de Liban *

Une troupe repète *Phèdre*
Au jardin. Le dernier cèdre
Souffle les larmes qui pourraient
Manquer à la tragédie du projet.

Rêve en cuisine

Un moineau sur le rebord
Du balcon s'impose à mon retard.
La mie plus fraîche que l'aurore
Se pose là pour le rendre fêtard.

Livret d'accompagnement

(septembre – octobre 2020)

Un soleil si jeune

Le monde entier fleurit la tombe de Grégory Lemarchal et le château de Sonnaz a pris la relève du château de la Star Academy. Sur les remparts de la mémoire, le château de Buisson-Rond fermera les yeux de sa ruine intérieure (entretenue par la municipalité de Chambéry) pour tenir bon la rampe d'un tournage. Mickaël Lumière, d'une ressemblance troublante, incarnera Grégory.

Rachat palpitant

Les fiancées en folie poursuivent Buster Keaton...

Maison d'Izieu

Un grand merci à Stéphanie, de passage au collège pour l'enseignement de l'Histoire, en attendant d'être appelée au professorat des écoles. Elle peut reprendre à son compte cette exhortation de Léon Gambetta : *" Il ne suffit pas de reconnaître des égaux, il faut en faire."*

Chaleur humble

With J.J. Cale and Christine Lakeland, *Got to believe everything is ok*. Ils s'accordent, l'amour déborde. Elle lui donne son regard, il ira loin avec sa guitare.

Cache ta joie

Elvis Presley chante *Return to sender...*

L'embellie des grandeurs

Pour Samuel, je ressemble à Jacques Tati.

Vous pouvez nous rappeler l'effet ?

Dans *L'Hermine*, un film de Christian Vincent, Fabrice Luchini à la barre pour la sublime Sidse Babett Knudsen. Magistrale tournure dont je reste redevable, depuis la faculté de droit, envers Dominique adorable.

L'altérité pour alternative

You make me want to be a better man.

La relève de l'Arlequin

Au balcon de la quinzaine du cinéma italien, molte grazie Cécile, *Io Arlecchino* di Matteo Bini e Giorgio Pasotti.

Taciturne amour

Elle est bien gentille Shelley Winters, mais Montgomery Clift a le tourment d'*une place au soleil* avec Elizabeth Taylor.
Titre emprunté au poème *Les promeneuses*, saluées par Verhaeren.

La politesse dans l'affection

In *Sense and Sensibility*, elle peut compter sur Alan Rickman, Hugh Grant, Emma Thompson et soigne l'exaltée Kate Winslet.

L'âme sœur du loup

Les deux premiers vers, issus des *Clairières dans le Ciel* de Francis Jammes, viennent chasser nos *Tristesses*.

En pleine nature

Dans *Le plus beau pays du monde*, retracé par Frédéric Fougea.

Notoriété

Le romancier : Lionel Salaün, que nos grands du collège avaient approché, pour *Le retour de Jim Lamar*, lors de l'édition 2011 du Festival du premier roman de Chambéry.

Feu de paume

Au sortir de Saint-Ambroise Anaïs, Arthur, Esteban, Axel alimentent la flamme. Nourri de ces regards, j'oublie de demander une tarte aux framboises à la pâtisserie, que Camille mise au parfum refusera, à son tour, de mettre au coin.

Penser une plaie

Au lendemain de l'incendie de Notre-Dame, une forêt de chaises solidaires à la cathédrale Saint-François-de-Sales.

N'en rajoute pas, étonne

Mignonne, écoute Dick Rivers : " *J'suis dans une passe difficile et la pluie sur la ville me fait comme un blouson qui me voit vingt ans plus vieux* ".

Les reproches n'éloignent pas

Mai 1965, un arbre abandonne la forêt conjugale...
Recueil publié en octobre 2019 aux éditions Books on Demand. En photo de couverture, un signe dans le col du Chat (souffrance sous la Dent du 5 décembre 2018).

Parler l'autre

Ce 30 avril 2019 Pascal Teulade, d'une humanité incorruptible, a traversé, avec Jonas *Le petit prince de Calais*, les cœurs des trois classes de cinquième, en haut d'une vague de questions préparées par Clémentine et Joane, professeurs de lettres classiques ou modernes. Le Tigrynia, langue de l'Érythrée, a rassemblé le lac et la mer.

Dans un endroit plus sûr où les sentiments subsistent

Un amour non partagé apporte la peste. 14 février 1987, remède de Catherine : " *Je te déteste.*"
Une chanson sans circonstances atténuantes, éloignée du château d'eau d'une amitié d'enfance (forêt de Corsuet) : *Like a hurricane*, de Neil Young, à la sauce Fourvière servie par Bryan Ferry.

Le maquis de Sade

Qu'il résiste l'amour, chanté par Sade : " *Nothing can come between us* ". Au fil de l'ô, elle persiste : " *Why can't we live together ?* "
Et Corneille, tout à la clémence d'Auguste, dans *Cinna* signe : *Ô rigoureux combat d'un cœur irrésolu !*

Apprendre à vivre

Le premier homme, d'Albert Camus, à l'épreuve de français de la session 2019 du brevet. Une conférence à dévorer d'Agnès Spiquel, professeur à l'Université de Valenciennes et présidente de la Société des Études Camusiennes : https://youtu.be/hcuoH8bv69s?t=4
Quand je vivais à Sens (prof doc au collège de Villeneuve-l'Archevêque entre 2005 et 2010), je roulais devant l'hôtel de Paris sans me sentir étranger à la journée du 4 janvier 1960.

L'Honneur ne se rend pas

Sous le drapeau du 35ème Régiment d'Infanterie à Belfort j'eus, l'espace de douze mois (octobre 1980 – septembre 1981), le sentiment gaillard de faire partie de la Grande armée. Ce service m'avait conforté dans l'idée qu'il faut se demander ce que l'on peut faire pour son Pays au lieu de lui demander des comptes. Rien d'étonnant alors que je puisse vouer une profonde détestation à tous les traînards.

Jeanne parque le loup

S'il s'agit de nous faire traverser le temps, Laurent Voulzy s'y entend à merveille de chanson. Et, pour tenir la parole de la montagne, comptons sur Lionel : http://www.lta38.fr/2015/06/les-lacs-de-belledonne-ii.html

Des gouttes d'eau contre l'incendie

À l'ordre de la rentrée 2019, une légende amérindienne rapportée par Pierre Rahbi : " *Un incendie de forêt. Tous les animaux sont atterés. Sauf le colibri. Lui, il ne renonce pas. Il va prendre quelques gouttes d'eau à la rivière et vient les jeter sur le feu. Le tatou, énervé par tant de mouvement, se moque ouvertement. Qu'est-ce que tu fais, colibri ? Tu sais bien que tu ne pourras pas éteindre le feu avec tes gouttes d'eau. Et le colibri répond : je sais, mais je fais ma part.*"

Registres d'influence

Jacques Chirac, que l'on regrette d'autant plus ici-bas qu'il aimait sincèrement les gens, arrive dans l'au-delà. François Mitterrand le remercie pour son éloge détonant de janvier 1996 et le réduit, d'une intelligence reprenant le débat de 1988, à son existence d'avant la vie éternelle.

Jusqu'au dernier

En écoutant une émission de France culture consacrée à Wells.

C'est toi ce livre ?

Affirmatif ! Libre à toi de le vivre en négatif, de me traiter avec Darry Cowl de *petit canaillou*. Tes reproches ne m'éloignent pas du chemin de cailloux.

Les enfants ne sont plus grondés

La fille de Vercingétorix est entrée au CDI ; elle a tous les droits et l'idée que le ciel puisse lui tomber sur la tête ne lui cause aucun effroi.

Fermiers généraux

Au nom de la terre, un film à dévorer. Le paysan est à l'amour ce que les khmers verts sont à la haine.

Irbis et Urbi

Une nouvelle foi, en retrait du monde absurde, nous écrit Sylvain Tesson. Il sait prendre le temps d'observer *La panthère des neiges*.

Les cadets doivent avoir le souci de leurs aînés

Le tocsin d'août 14 a fauché la jeunesse du papa de ma maman. Il reviendra, blessé et meurtri d'avoir vu tant de copains perdre la vie. Dans la plaine de Passel, avec Ariane, il renverse les montagnes de la paix, comptant sur nous pour faire le M de la Mémoire.

Séduite en erreur

À l'écoute de Diam's, *petit cœur est tombé sur une bombe.*

Frêle retour

Les pauvres gens vivent le pire. Sur sa chaîne *You Tube, Nadir Undergroundlights* murmure leur droit au meilleur.

Tu ne vas pas me laisser seule !

Entre deux mots la nuit, de Georges Bonnet ; Jean Cocteau n'aurait pas fait plus proche : " *Écrire est un acte d'amour.*"

La Fleur du lien

Depuis le cross d'octobre 2014, Maylis a allongé sa foulée. Sur la ligne des éditions Baudelaire, est arrivé le recueil *Je me libère*. Elle a franchi par ailleurs la haie de la photographie ; ses débuts de mannequin portent une griffe dont se souvient la plage de Tenerife.

Au sortir du collège, son frère Lilian a pris, quant à lui, le virage des championnats de moto. Une autre preuve que l'on peut dépasser la scolarité sans échapper au succès.

Maintien dans les yeux

Une sublime chanson *Don't go to strangers*, partagée par Amy Winehouse et Paul Weller. Il ne faut jamais perdre son être de vue.

Diamant de rivière

Une femme sans tort existe ; par la grâce de France 5, il nous est donné de la rencontrer *en terre Van Gujjar*.

Corps et lien

Giono en 1960 pour le meilleur : Fine (c'est possible) cherche un Jules – pas *Crésus*.

Un présage d'enterrement ?

Hugh Grant effleure Kristin Scott Thomas : sans ta main, tout sera-t-il défait demain?

Le découragement assailli

Rendez-vous de carrière. À l'instar de Robert Vaugh (l'épreuve par 7 mercenaires), chasser toutes les ombres de ma lumière.

Marri à Brest

Tonnerre de Barbara... Prévert !

Petite lumière de Singla

Qu'ils sont beaux les enfants népalais ! Les associations *Tarentaise Népal* et l'*Arbre à Mél*, courageusement déployé par Corinne P., n'ont de cesse pour eux d'être en action solidaire. Nous aussi au collège.

Le ballon en tribune

Sans vous commander, mon Général, renvoyez-le à nos chères aptitudes. Celles-là même que l'arbitre Modiano ne sifflait pas : "*Nous étions de si braves garçons* ".

Rappel au mordre

Hermann Hesse montre one step au loup.

Exister dans ce qu'on pense

À la première personne, Alain Finkielkraut s'inscrit, dans le vrai du réel. Mon petit texte est sans faute de frappe : je parle bien d'une meute qui fait du foin.

Il ne sera jamais mort de ta vie

Sur l'écran, *Casablanca*. Le visage d'Ingrid Bergman me rappelle au mordre d'un ange estimé à tort inabordable.

Réduit à la mobilité

Xavier de Maistre, le poète, et Xavier, son descendant harpiste, ont en commun le talent de faire bouger les lignes. Je reste, avec maman, remué d'un concert de harpe, le 16 juillet 2008 aux *Estivales du château*.

Celle qui a le loup pour mari...

Proverbe basque moins acerbe qu'un masque.

Dans l'idylle de profonde solitude

Après avoir vu Delon *le Samouraï* , refuser de dire *aïe !*

Gino n'arrête pas le vélo

Laissez passer Bartali !

Bienvenue Albert !

Uderzo va pouvoir dessiner sur la page blanche du Ciel.

Traumatisme

8 juillet 1982, demi-finale de coupe du monde à Séville. En sanglots, avec Jean-Yves et Nico.

Une histoire déplorable

À la source : *Le Page disgrâcié*, Tristan L'Hermite, 1643.

Du bon côté de l'écluse

En azur avec Simone Signoret, Alain Delon, Ottavia Piccolo et Jean Tissier.

Manant des sources

Avachi sur un banc, après Yves Montand descendu d'une révélation de vieille aveugle.

Air comprimé

À l'écoute d'Elvis : *Separate ways*.

Cela reste entre nous

Encore et toujours Presley : *Just tell her Jim said hello*.

Où vont tous ces enfants dont pas un seul ne rit ?

Victor Hugo, *Melancholia*, 1838.

On ne devrait pas s'habituer à vivre...

Une Alfa Romeo finit dans l'herbe. Romy (Juliette) court déjà à l'hôpital. Il faut ramasser tous les brins de Michel Piccoli.

Déception déçue

Jean-Claude Darnal chante *Quand la mer monte* ; Yolande Moreau la portera à l'écran.

Mes yeux, les censeurs

Aucun mot ne saurait être retiré à une œuvre littéraire : *Autant en emporte le vent*, par exemple.
Autre temps, le cinéaste Maurice Clavel s'emporte contre la censure ; applaudi par le public, il reçoit une accolade d'un être tout aussi unique : Jean-Edern Hallier.

La flamme bleue

Jack London – bonne nouvelle : *Construire un feu*.

Et j'entends le train te siffler

Compartiment Kirk Douglas : fun ill from Gun Hill.

Viens, Biloute !

Grand merci Régine : *les filles de la rue d'Amérique* sont d'une tendresse thérapeutique.

Du volume !

Au sortir du confinement, la messe est trop basse. Luciano Pavarotti entre dans l'église : *Ave Maria*.

Joie romaine

Un chantier stoppé, rue du Docteur Desfrançois : des fouilles prennent le pouls d'un passé lointain, qui nous est si proche.

En quête de flagrance

Grosso modo, la brigade de Saint-Tropez veille au grain de santé.

Nage indienne

Armé du salut de la septième compagnie : *Un petit bain pour le chef !*

Jus de truffe

Pour le compte du *Petit rapporteur*, Pierre Desproges et Daniel Prevost sont venus acheter du boudin blanc ; la charcuterie devient fine.

Scène de Liban

4 août, à Beyrouth, sinistre habitude : le pire explose le meilleur.

Post-scriptum

(16 - 21 octobre 2020)

Les larmes écrivent au tableau

Le cœur déchiré pour ce corps d'enseignant
Mutilé, ce n'est pas la fin du tout.

Un contrat de très longue durée
Nous lie à la République, à ses enfants.

L'expression de nos valeurs persistera ;
Sur le front, encore et toujours,
Elle signera d'un même nom : liberté.

Sur la réserve

Difficile de reprendre la plume ;
La poésie est délogée, elle saigne.
Notre grande maison a reçu une enclume ;
Ça n'a jamais été léger ce qu'elle enseigne.

L'obscurantisme ne passera plus

Nos bougies alignées témoignent ;
Elles manquent innocemment de poigne.
Le jour se lève à la République ;
Qu'elle éteigne la nuit dans l'espace public.

Enrôlement

Les jeunes gens à la station Wagram
Ne descendent guère de la Grande armée.
La Nation, rétablie pour trame,
Montera-t-elle en épingle le service rappelé ?

À Samuel Paty

Pétri de savoir et d'ouverture à l'autre,
Dans " *la fierté unie à la tendresse* " *,
Le professeur est pur d'être des vôtres ;
Tous les élèves à maturité le reconnaissent.

** Lettre ouverte de Jean Jaurès aux instituteurs,
15 janvier 1888, La Dépêche de Toulouse.*

Parcours d'un cœur battant

Eh bien, il est né Pascal,
de Jacqueline et Stéphane,
le 16 juin 1957 à Paris (17ème).

Il a vu vert, d'autant que l'association sportive
de Saint-Étienne remportait alors son premier titre
de champion de France de football.

Il n'a pas fait exception à la règle de droit,
en prenant une licence à l'Université de Savoie

et, pour son honneur aussi, en servant sous le drapeau
du 35ème Régiment d'Infanterie à Belfort.

Il est devenu gaillard en documentation :
capésien sur le tard.

Il adore vivre à Chambéry et, sur son fidèle Bianchi,
continue de rouler à l'eau claire, seul ou distancé
par son grand petit frère Philippe et son neveu Samuel.

Vieilli mais costaud, 9 septembre 2020 ;
ascension par Saint-Baldoph, la Grande montagne…

Table des petits cailloux

On refait le blog	7
J'ai failli oublier de ralentir l'azur	9
Le petit garçon ne partage pas la vindicte	35
Qu'il advienne le papillon sur les pôles !	81
Aux lèvres du coeur, larguer l'écume	165
Livret d'accompagnement	241
Post-scriptum	257
Parcours d'un cœur battant	265

Petits cailloux retrouvés et polis,
entre novembre 2019 et octobre 2020 à Chambéry.

Éditeur : BoD – Books on Demand,
12/14 rond-point des Champs-Élysées,
75008 Paris, France

Impression : Norderstedt, Allemagne

ISBN : 9782322274574

Dépôt légal : janvier 2021